Counting objects

How many?

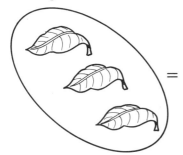 =

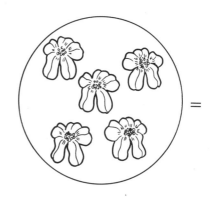 =

 =

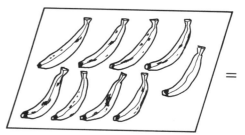 =

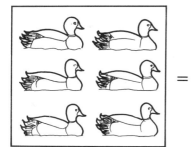 =

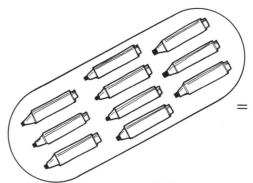 =

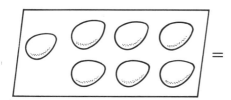 =

 =

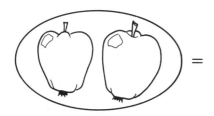 =

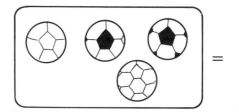 =

Count.

1   2   3   4   ☐

3   4   5   6   ☐

5   6   ☐   8   9

2   ☐   4   5   6

4   5   6   ☐   8

6   7   8   9   ☐

Write these numbers.

three =   ten   =

one =   two =

eight =   five =

four =   nine =

zero =   seven =

six   =

Patterns

Colour and continue the pattern.

□	□	□	□	□
red	green	red	green	

△	△	△	△	△
blue	brown	blue	brown	

○	○	○	○	○
yellow	black	yellow	black	

▭	▭	▭	▭	▭
red	blue	red	blue	

◇	◇	◇	◇	◇
green	blue	green	blue	

Draw a shape to continue the pattern.

Draw shapes to continue the pattern.

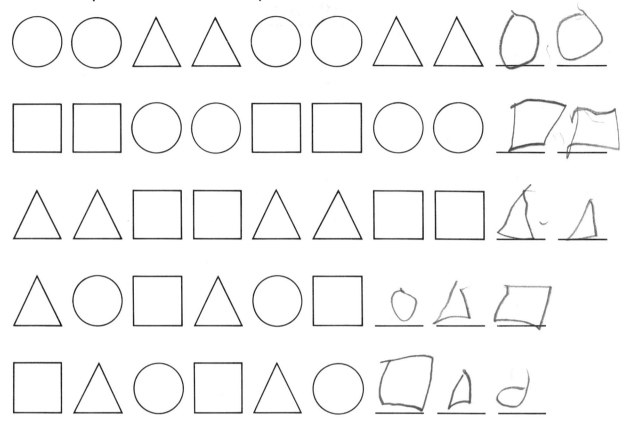

Write the next number.

1 2 3 4 ☐

5 6 7 8 ☐

3 4 5 6 ☐

6 7 8 9 ☐

2 3 4 5 ☐

Comparing

More

Which is more, A or B? Circle the answer.

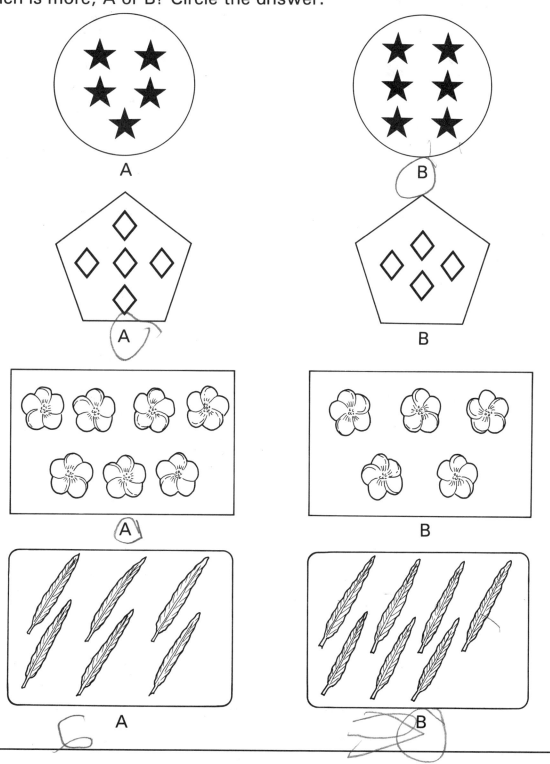

A

B

A

B

A

B

A

B

Less

Which is less, A or B? Circle the answer.

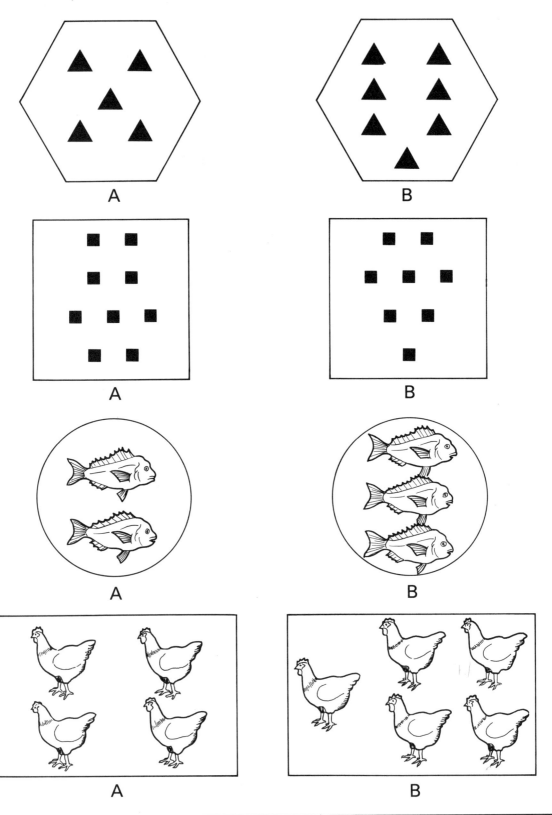

A

B

A

B

A

B

A

B

Bigger

Circle the bigger number.

1 3	10 9	4 2
5 2	8 7	6 7
4 6	1 0	5 4
7 8	3 2	2 1
6 5	7 9	3 4

Smaller

Circle the smaller number.

2 3	3 5	4 2
4 5	6 8	5 8
6 2	9 10	9 5
7 5	5 6	8 6
8 9	4 1	4 7

Addition

The number zero (0)

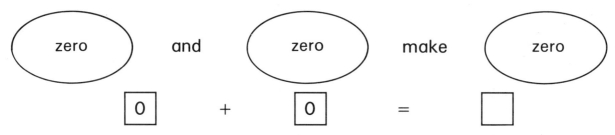

zero   and   zero   make   zero

0   +   0   =   ☐

The number one (1)

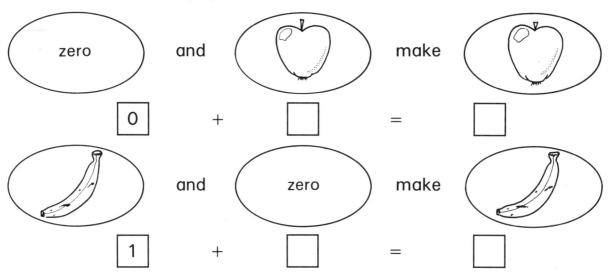

zero   and   make

0   +   ☐   =   ☐

and   zero   make

1   +   ☐   =   ☐

The number two (2)

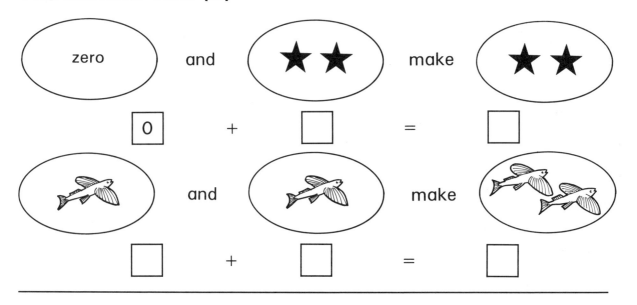

zero   and   make

0   +   ☐   =   ☐

and   make

☐   +   ☐   =   ☐

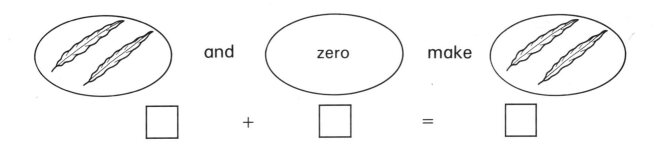

and   zero   make

☐   +   ☐   =   ☐

The number three (3)

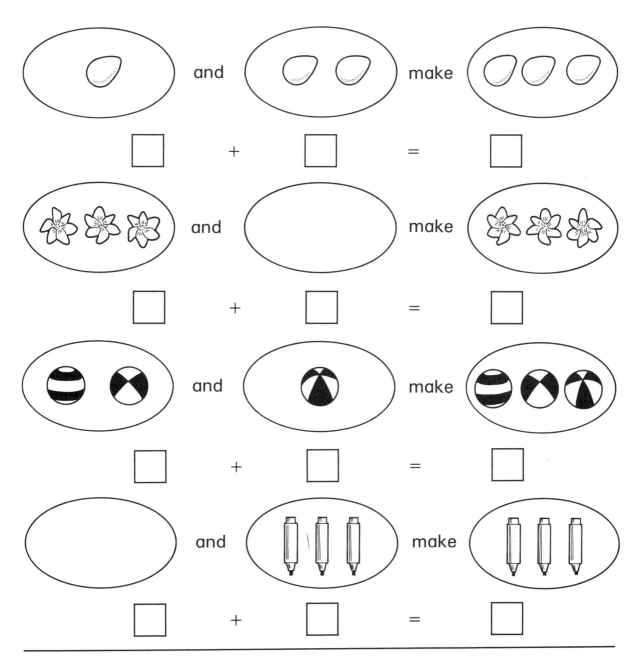

and   make

☐   +   ☐   =   ☐

and   make

☐   +   ☐   =   ☐

and   make

☐   +   ☐   =   ☐

and   make

☐   +   ☐   =   ☐

The number four (4)

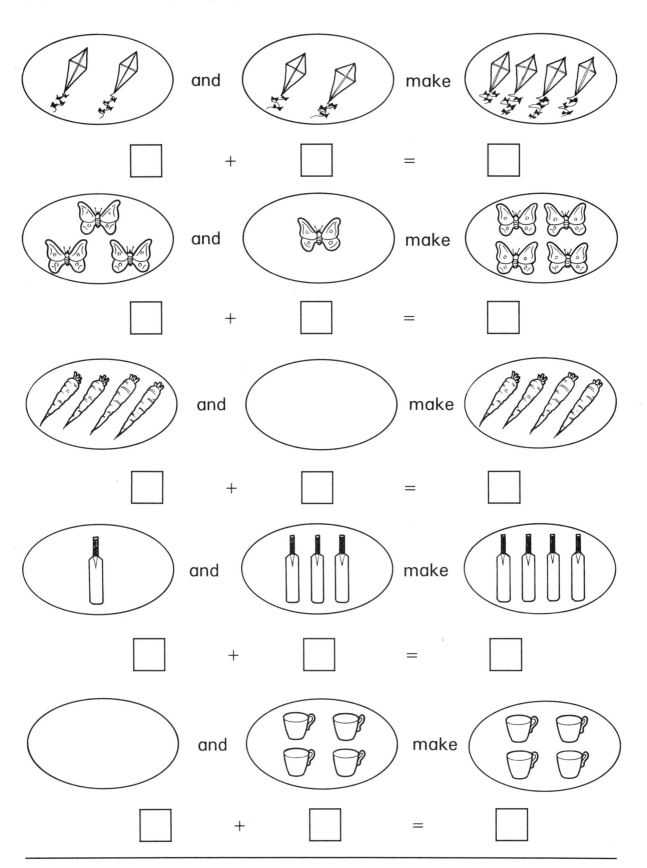

The number five (5)

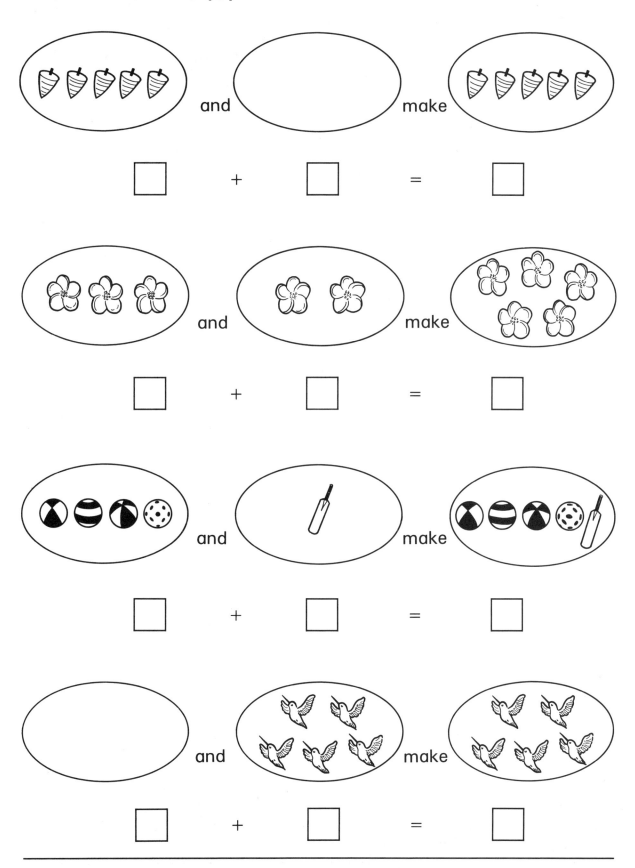

□   +   □   =   □

□   +   □   =   □

□   +   □   =   □

□   +   □   =   □

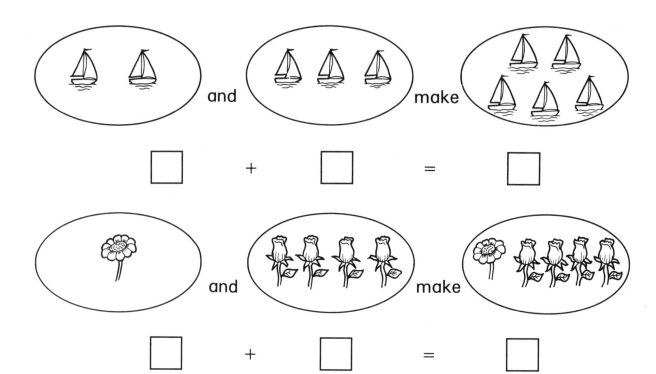

☐ + ☐ = ☐

☐ + ☐ = ☐

Count and add.

2 + 1 = ☐   2 + 3 = ☐

1 + 1 = ☐   2 + 2 = ☐

1 + 0 = ☐   0 + 4 = ☐

Draw dots and add.

1 + 3 = ☐   3 + 0 = ☐

4 + 1 = ☐   3 + 2 = ☐

2 + 0 = ☐   0 + 1 = ☐

The number six (6)

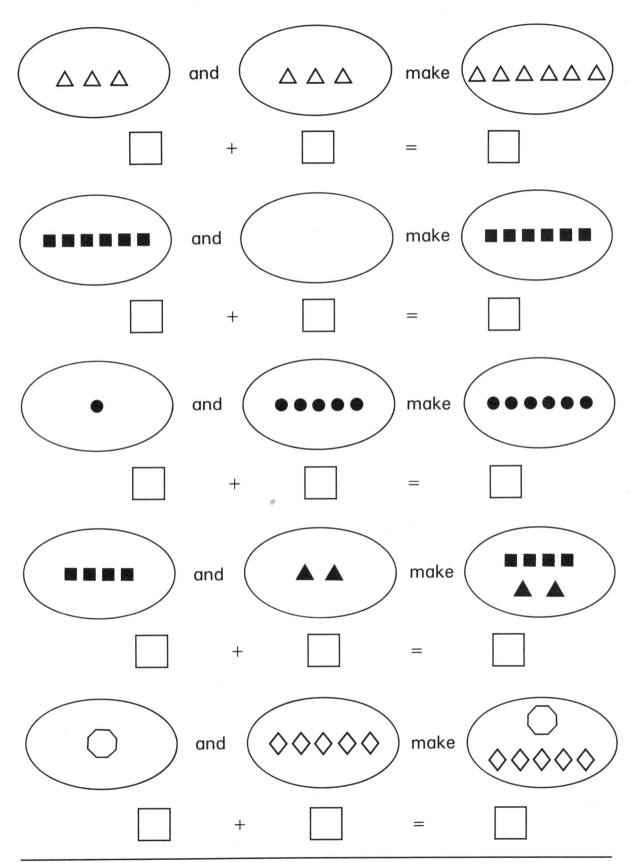

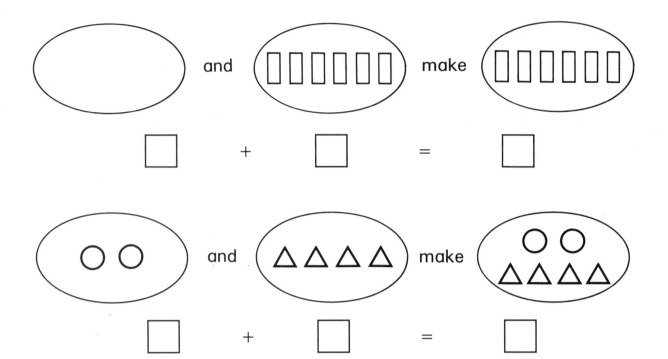

□ + □ = □

□ + □ = □

Count and add.

3 + 3 = □   6 + 0 = □

1 + 5 = □   2 + 4 = □

4 + 2 = □   5 + 1 = □

Draw dots and add.

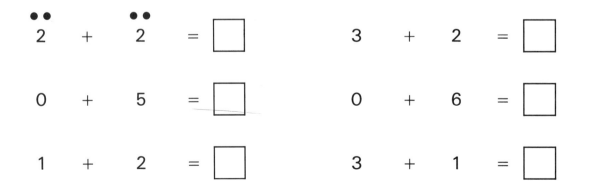

2 + 2 = □   3 + 2 = □

0 + 5 = □   0 + 6 = □

1 + 2 = □   3 + 1 = □

The number seven (7)

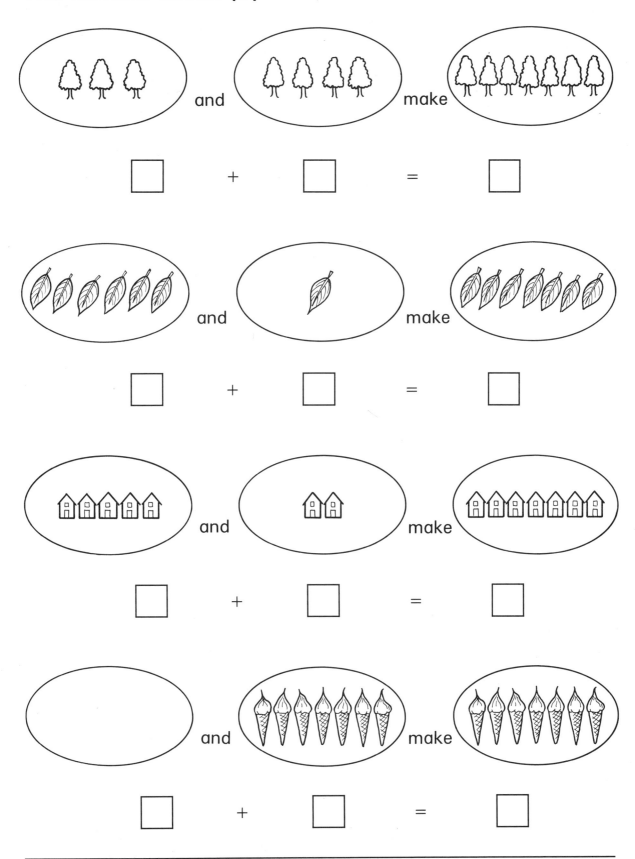

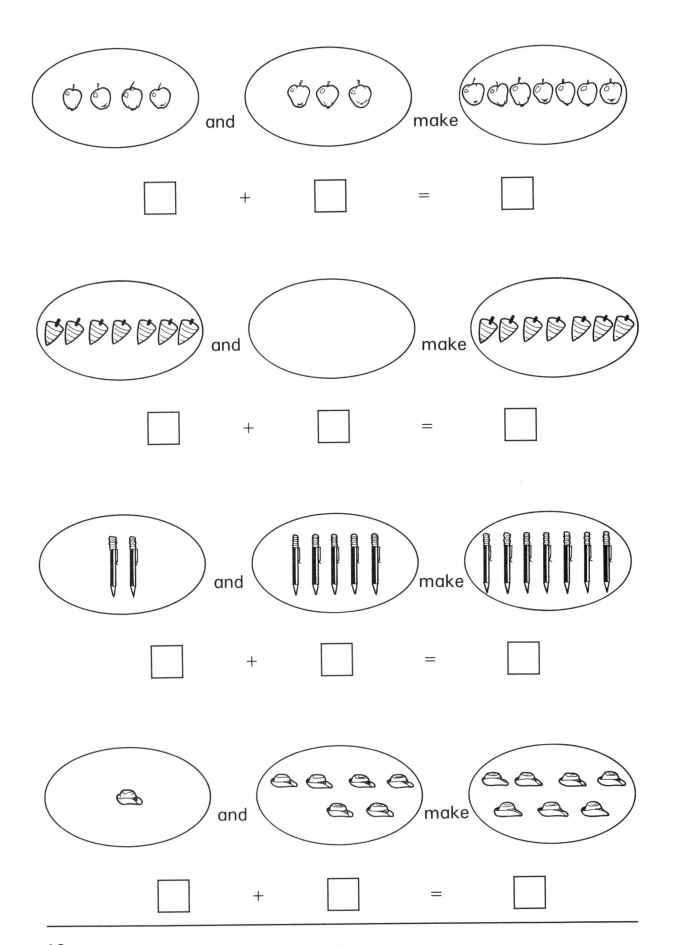

and make

☐ + ☐ = ☐

and make

☐ + ☐ = ☐

and make

☐ + ☐ = ☐

and make

☐ + ☐ = ☐

Count and add.

• • •   • • • •
3   +   4   = □   0   +   • • •
3   = □

•   • • • •
1   +   4   = □   • •
2   +   • • • • •
5   = □

• • • • •
5   +   0   = □   0   +   • •
2   = □

• • •
• • •
6   +   1   = □   • • •
• • • •
7   +   0   = □

Draw dots and add.

•   •
1   +   1   = □   2   +   3   = □

3   +   1   = □   0   +   5   = □

2   +   4   = □   4   +   3   = □

4   +   0   = □   0   +   1   = □

1   +   6   = □   3   +   3   = □

The number eight (8)

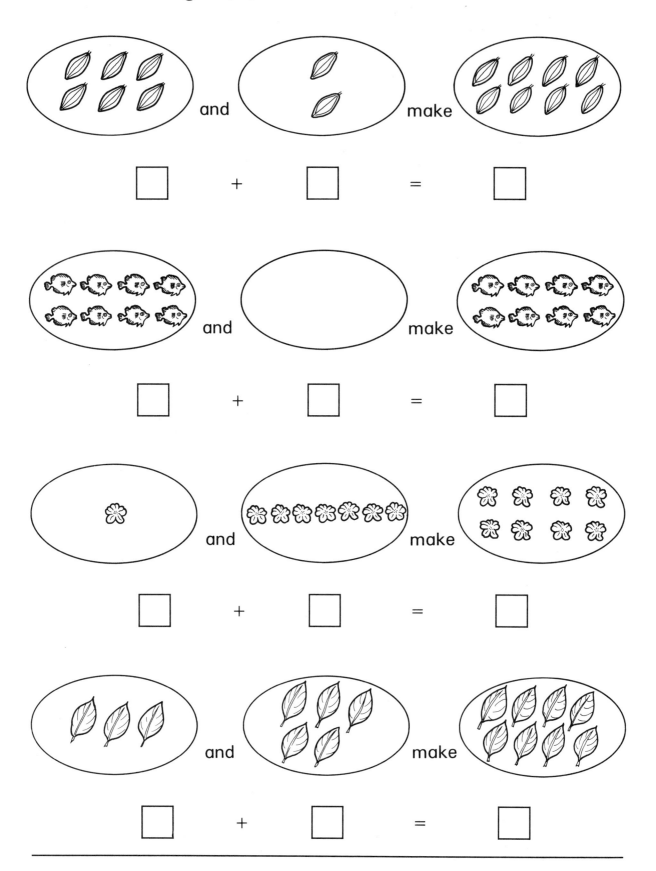

and   make

☐   +   ☐   =   ☐

and   make

☐   +   ☐   =   ☐

and   make

☐   +   ☐   =   ☐

and   make

☐   +   ☐   =   ☐

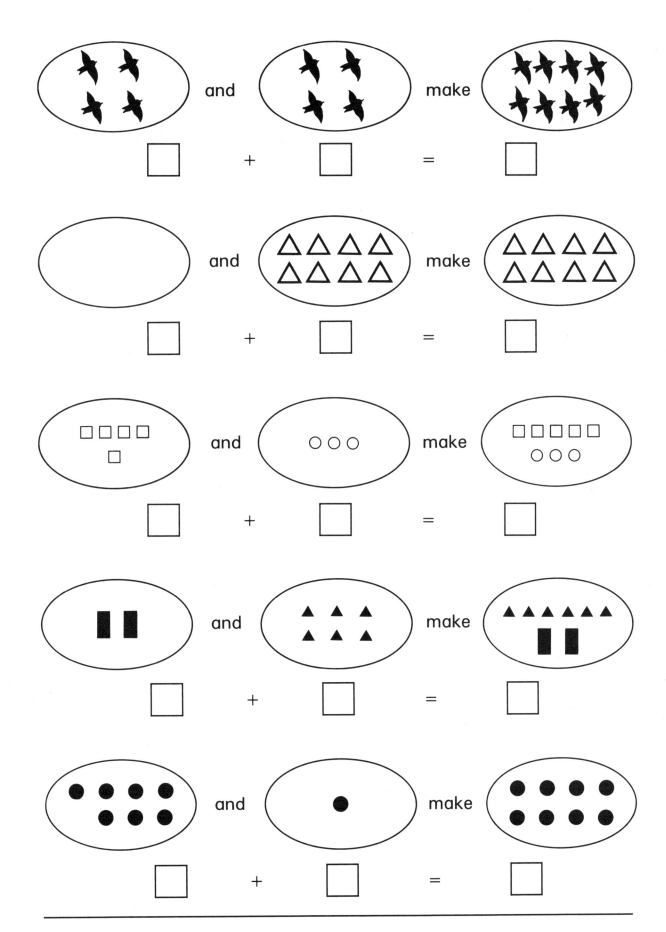

Count and add.

••• ••
••• 6 + 2 = ☐

•• •••
••• 5 + 3 = ☐

5 ••• + 0 •••
——

0 + 2 ••
——

• •••
1 + 6 = ☐

•••• 4 + 0 = ☐

4 •••• + 3 •••
——

2 •• + 2 ••
——

Draw dots and add.

••• ••• 3 + 5 = ☐
•• •

5 ••• + 2 ••
——

4 + 2
——

0 + 1 = ☐

7 + 1 = ☐

3 + 4
——

0 + 3
——

3 + 2 = ☐

8 + 0 = ☐

6 + 0
——

1 + 3
——

3 + 3 = ☐

The number nine (9)

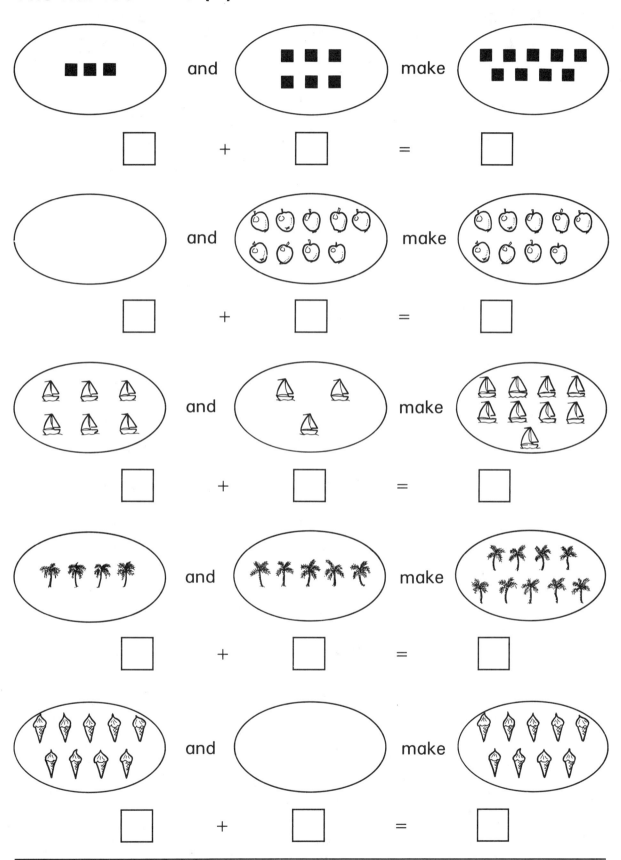

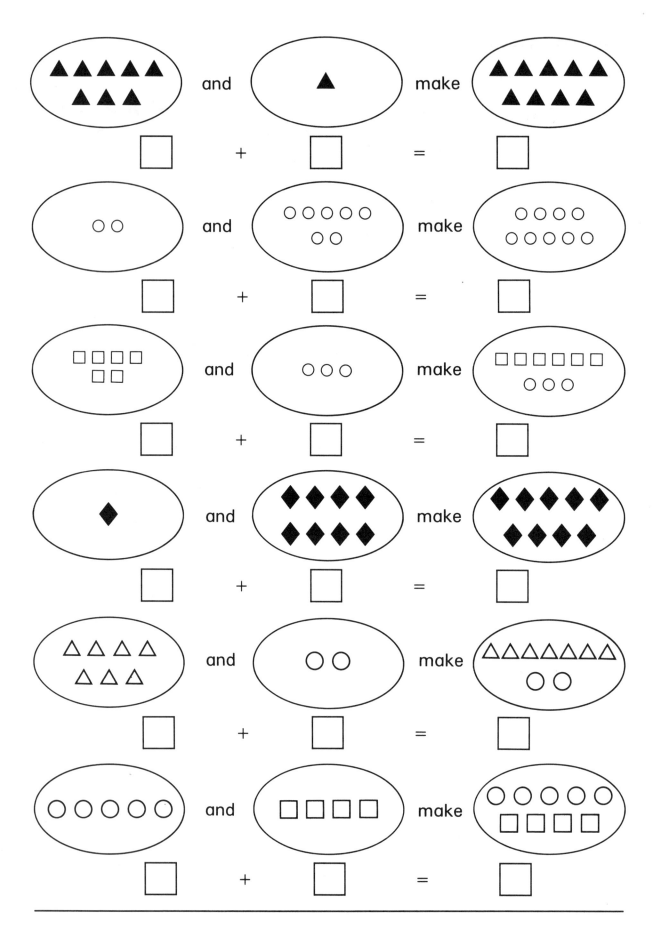

Count and add.

6 + 3 = ☐

4 + 1 = ☐

2 + 5 = ☐

0 + 9 = ☐

2 + 6 = ☐

$\begin{array}{r} 1 \\ + 5 \\ \hline \end{array}$

$\begin{array}{r} 3 \\ + 1 \\ \hline \end{array}$

$\begin{array}{r} 7 \\ + 0 \\ \hline \end{array}$

$\begin{array}{r} 5 \\ + 4 \\ \hline \end{array}$

$\begin{array}{r} 3 \\ + 2 \\ \hline \end{array}$

$\begin{array}{r} 0 \\ + 6 \\ \hline \end{array}$

Draw dots and add.

1 + 2 = ☐

3 + 4 = ☐

7 + 2 = ☐

3 + 5 = ☐

0 + 4 = ☐

$\begin{array}{r} 8 \\ + 1 \\ \hline \end{array}$

$\begin{array}{r} 3 \\ + 0 \\ \hline \end{array}$

$\begin{array}{r} 4 \\ + 2 \\ \hline \end{array}$

$\begin{array}{r} 4 \\ + 4 \\ \hline \end{array}$

$\begin{array}{r} 1 \\ + 6 \\ \hline \end{array}$

$\begin{array}{r} 7 \\ + 1 \\ \hline \end{array}$

The number ten (10)

 and 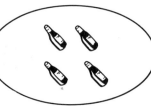 make

 + =

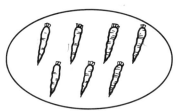 and 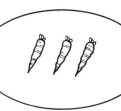 make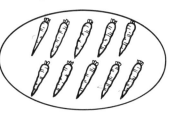

 + =

 and 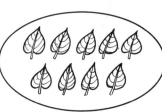 make

 + =

24

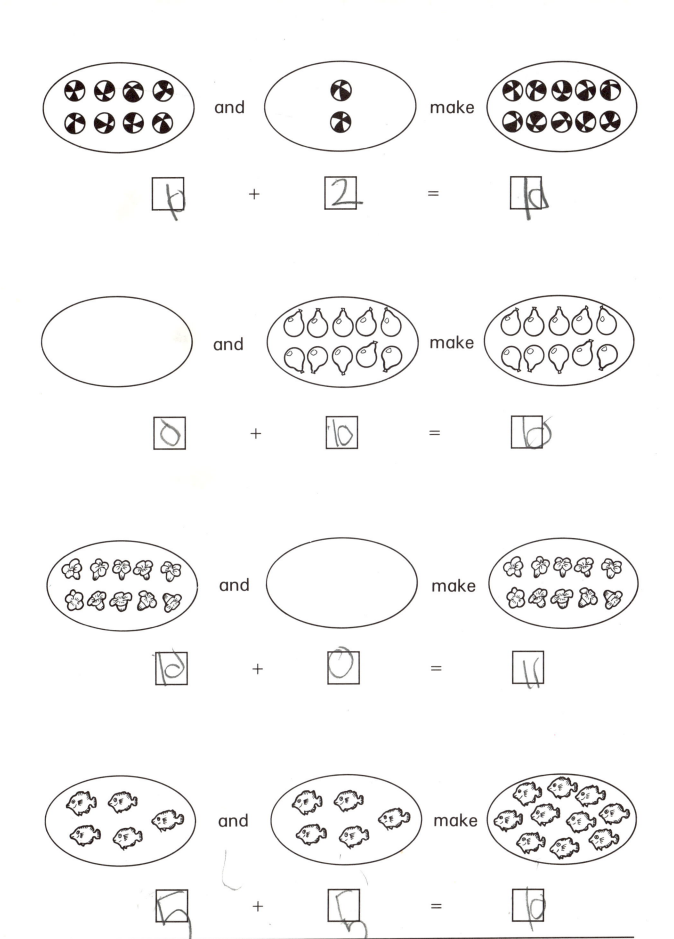

and make

8 + 2 = 10

and make

0 + 10 = 10

and make

10 + 0 = 11

and make

5 + 5 = 10

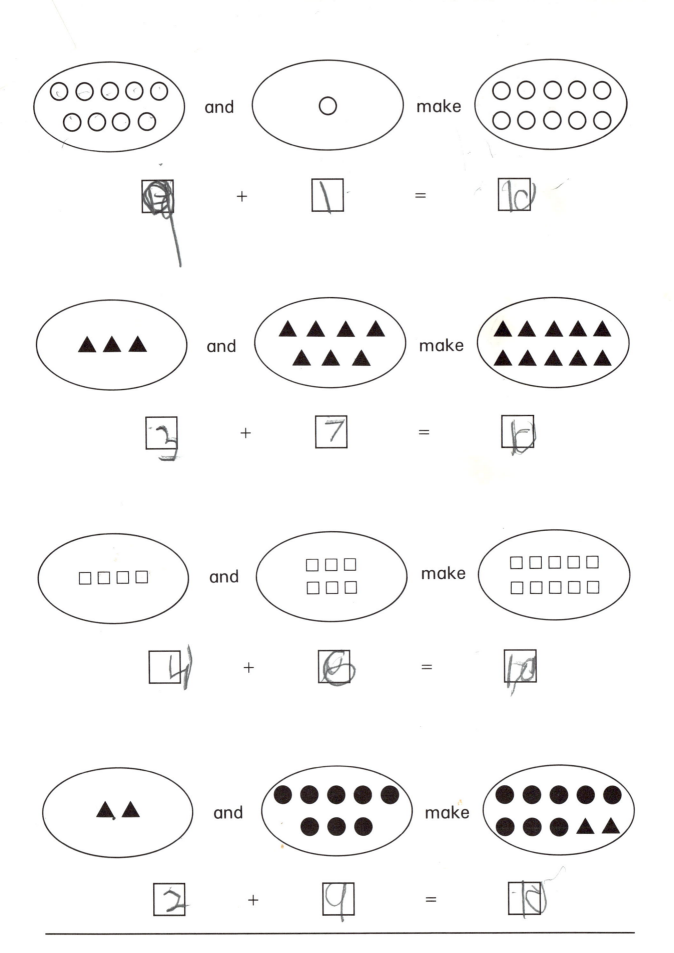

and make

9 + 1 = 10

3 + 7 = 10

4 + 6 = 10

2 + 9 = 10

Count and add.

●●●●
●●●
7 + 3 = ☐

5 ●●●
+ 3 ●●●
___

2 ●●
+ 0
___

●●●
3 + 1 = ☐

●
1

0
+ 5 ●●●
  ●●
___

1 ●
+ 9 ●●●●●
  ●●●●
___

●●
2 + ●●●●
      4 = ☐

●●
2 + ●●●●
    ●●●●
      8 = ☐

4 ●●●●
+ 3 ●●●
___

7 ●●●
+ 2 ●●
___

●●●●
4 + ●●●
    ●●
      5 = ☐

Draw dots and add.

●●●
3 + ●●●
      3 = ☐ 6

3
+ 4
___

6
+ 2
___

6 + 4 = ☐

7 + 1 = ☐

5
+ 5
___

1
+ 4
___

0 + 6 = ☐

10 + 0 = ☐ 0

8
+ 2
___

4
+ 5
___

Number bonds

The number bonds for 2

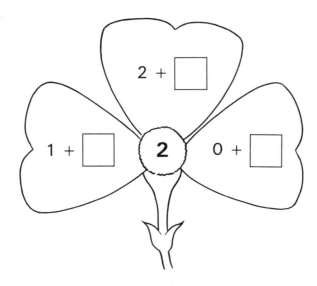

The number bonds for 3

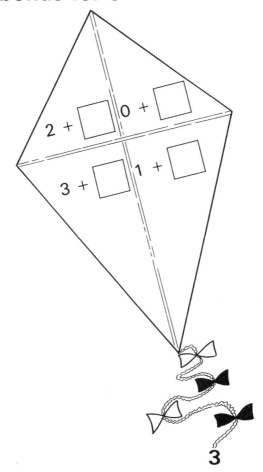

The number bonds for 4

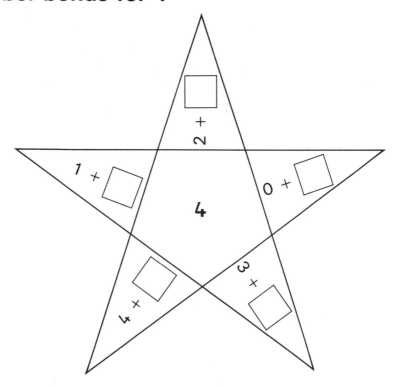

The number bonds for 5

The number bonds for 6

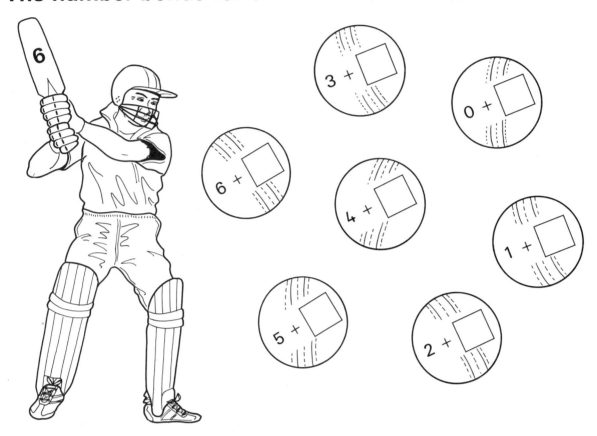

3 + ☐

0 + ☐

6 + ☐

4 + ☐

1 + ☐

5 + ☐

2 + ☐

The number bonds for 7

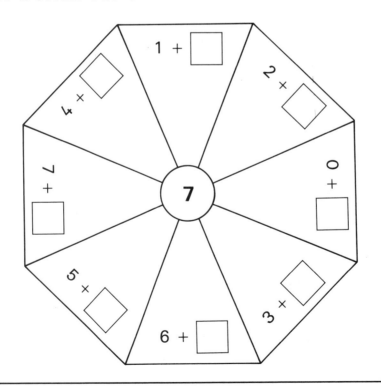

1 + ☐

2 + ☐

4 + ☐

7

0 + ☐

7 + ☐

3 + ☐

5 + ☐

6 + ☐

The number bonds for 8

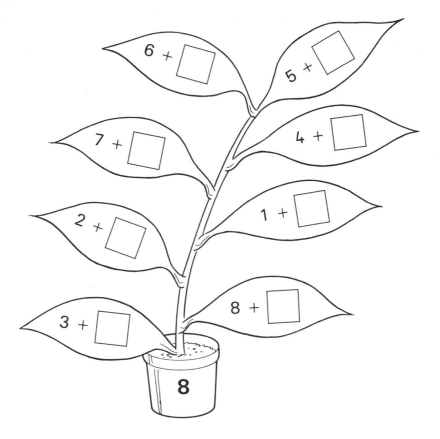

The number bonds for 9

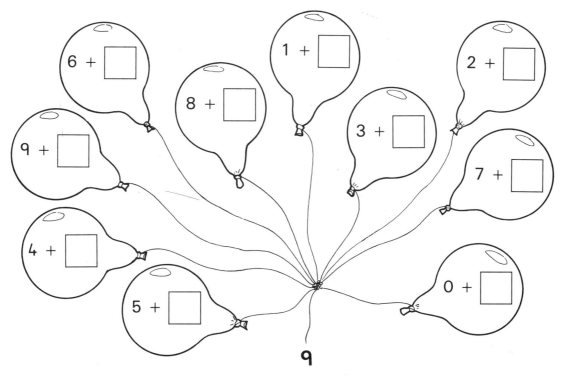

The number bonds for 10

1 + ☐

4 + ☐

7 + ☐

6 + ☐

3 + ☐

10 + ☐

9 + ☐

0 + ☐

5 + ☐

2 + ☐

8 + ☐

10

Revision of addition

Draw dots and add.

4 + 1 =

3 + 3 =

1 + 2 =

4 + 0 =

6 + 3 =

5 + 2 =

2 + 2 =

8 + 1 =

7 + 3 =

2 + 4 =

5 + 4 =

0 + 3 =

5 + 5 =

3 + 4 =

4 + 4 =

6 + 0 =

```
   2          1          0          7
 + 3        + 7        + 5        + 2
 ____       ____       ____       ____
```

```
   4          3          5          2
 + 6        + 1        + 3        + 6
 ____       ____       ____       ____
```

Subtraction

$$5 - 1 = \boxed{}$$

 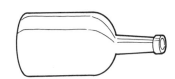

$$3 - 1 = \boxed{}$$

$$2 - 1 = \boxed{}$$

 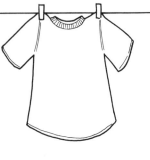 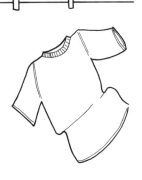

$$4 - 1 = \boxed{}$$

3 − 2 = ☐

5 − 2 = ☐

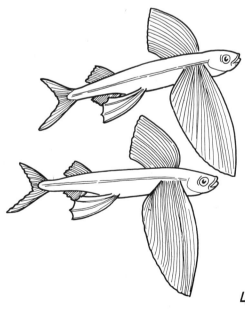
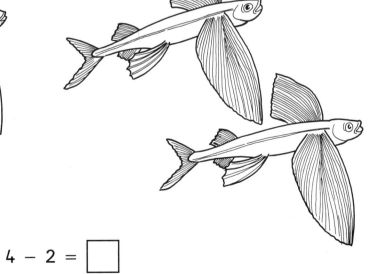

4 − 2 = ☐

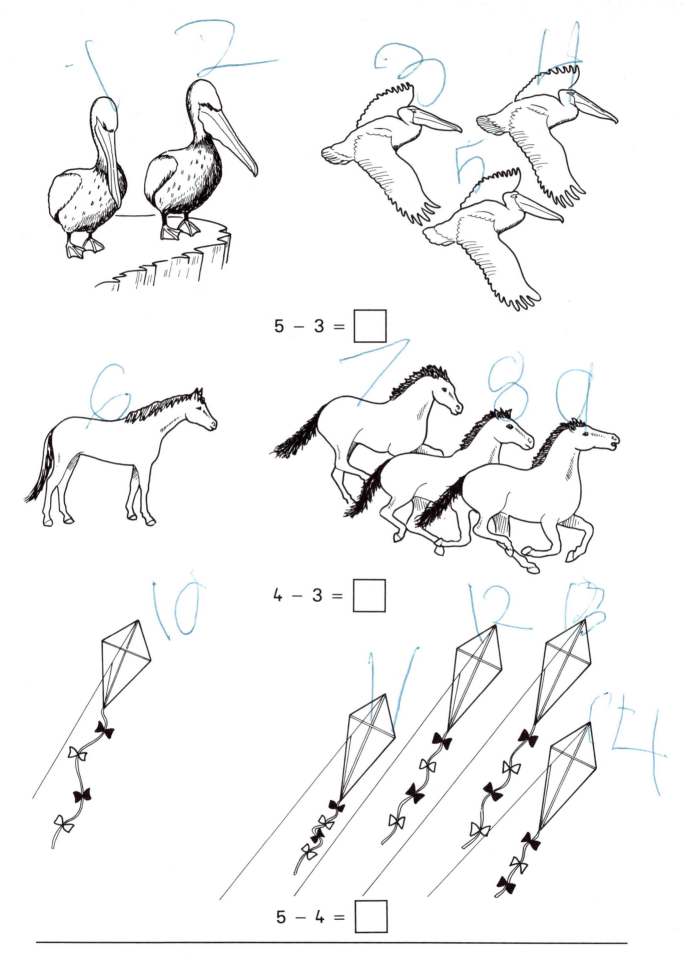

5 − 3 = ☐

4 − 3 = ☐

5 − 4 = ☐

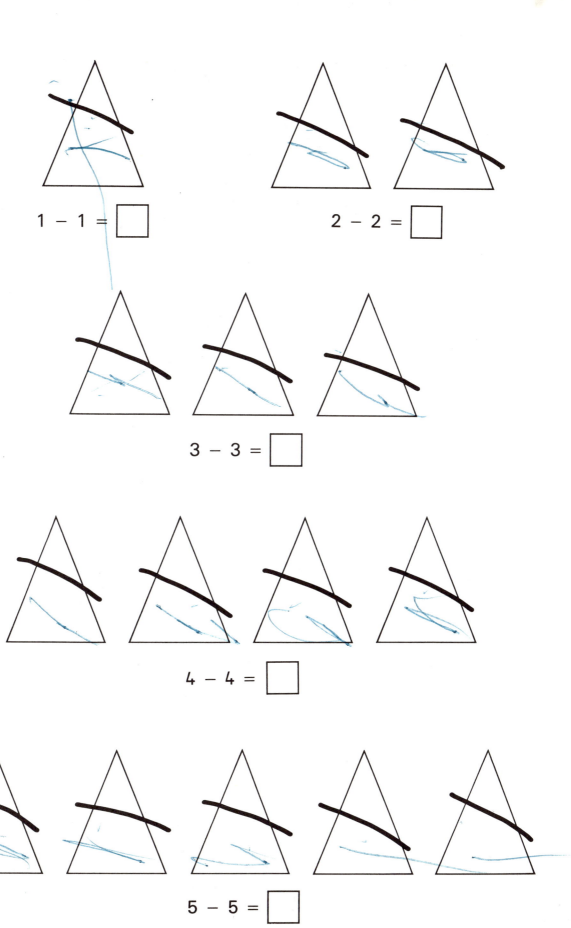

$1 - 1 = \boxed{}$

$2 - 2 = \boxed{}$

$3 - 3 = \boxed{}$

$4 - 4 = \boxed{}$

$5 - 5 = \boxed{}$

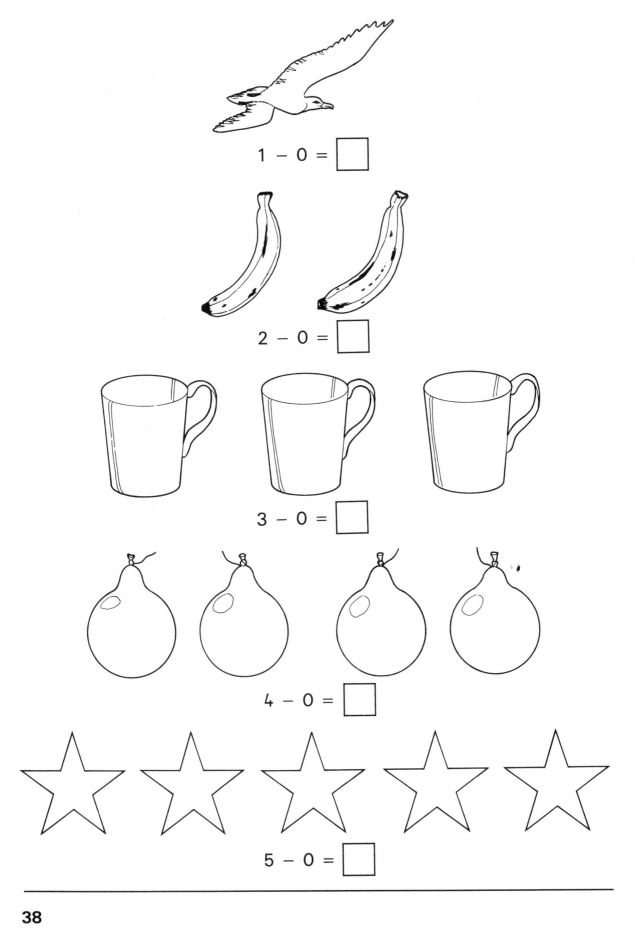

1 − 0 = ☐

2 − 0 = ☐

3 − 0 = ☐

4 − 0 = ☐

5 − 0 = ☐

Count dots and subtract.

• ✦ ✦ ✦
4 – 3 = ☐

• • • •
4 – 2 = ☐

• • • ✦ ✦
5 – 2 = ☐

• • • • •
5 – 4 = ☐

• ✦ ✦
3 – 2 = ☐

• •
2 – 0 = ☐

✦ ✦
2 – 2 = ☐

• • • • •
5 – 3 = ☐

• • •
3 – 0 = ☐

• • •
3 – 3 = ☐

Draw dots and subtract.

1 – 1 = ☐

5 – 5 = ☐

5 – 1 = ☐

3 – 1 = ☐

4 – 0 = ☐

4 – 4 = ☐

4 – 1 = ☐

2 – 1 = ☐

5 – 0 = ☐

1 – 0 = ☐

Match the fish with the nets.

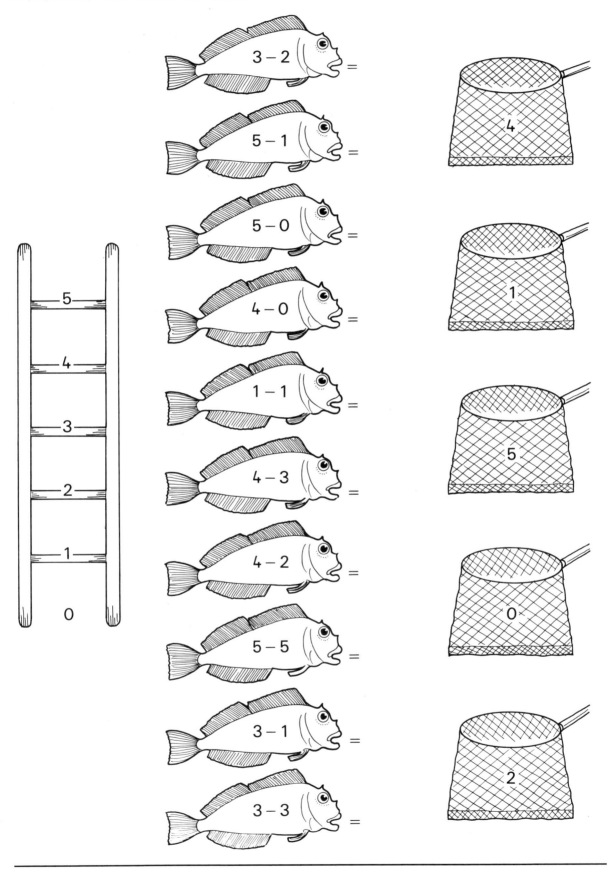

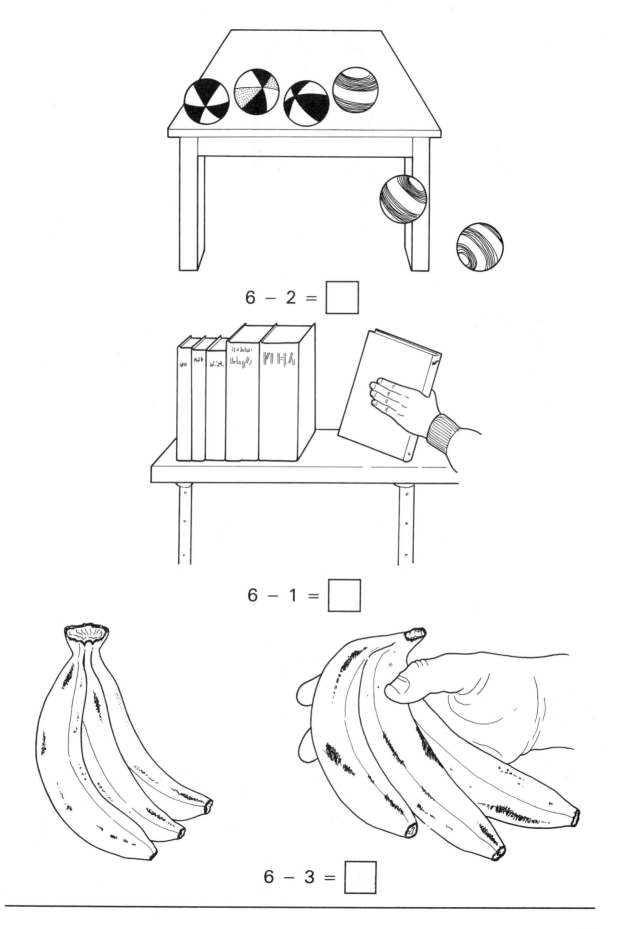

6 − 2 = ☐

6 − 1 = ☐

6 − 3 = ☐

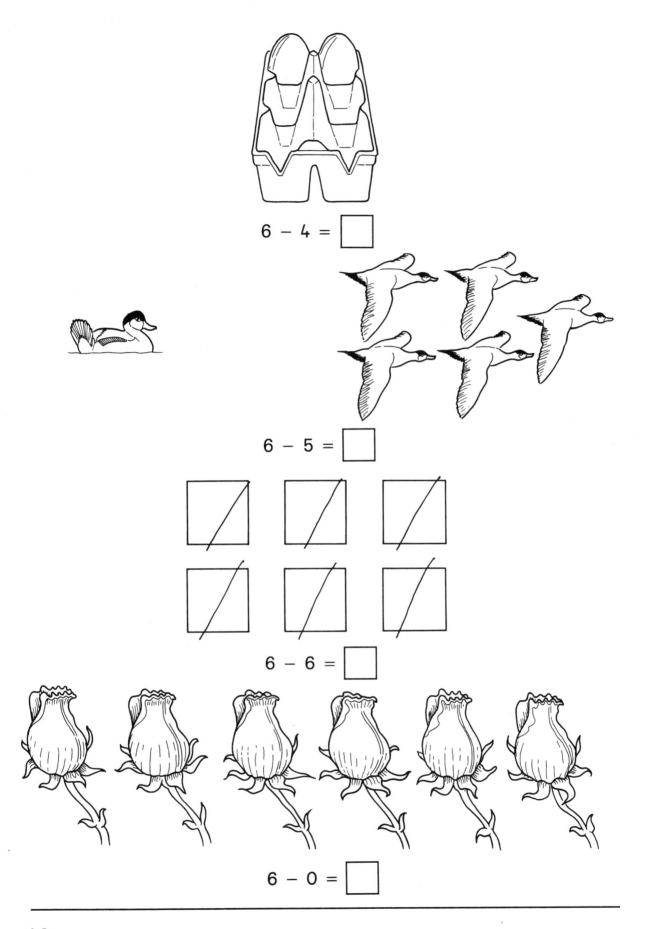

6 − 4 = ☐

6 − 5 = ☐

6 − 6 = ☐

6 − 0 = ☐

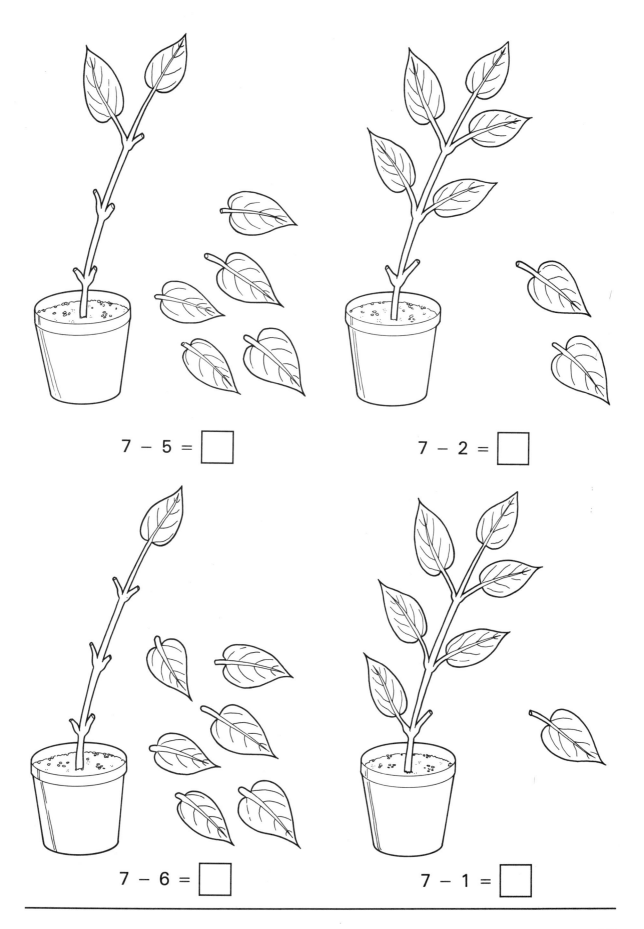

7 − 5 = ☐

7 − 2 = ☐

7 − 6 = ☐

7 − 1 = ☐

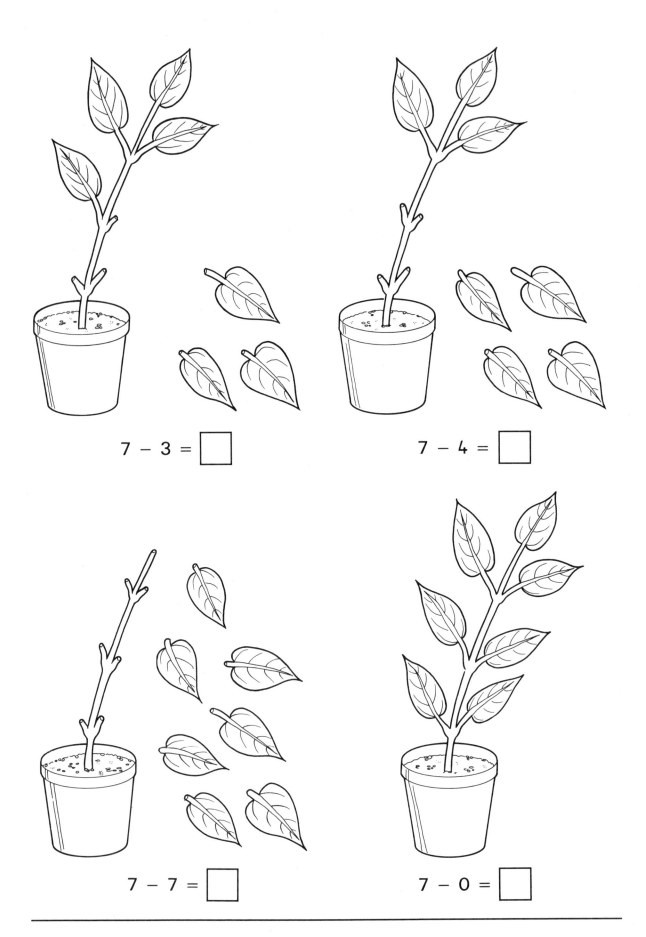

7 − 3 = ☐

7 − 4 = ☐

7 − 7 = ☐

7 − 0 = ☐

Count dots and subtract.

••••   6 – 4 = ☐

•••••   7 – 0 = ☐

•••   6 – 5 = ☐

••••   7 – 4 = ☐

•••   6 – 0 = ☐

••••   4 – 2 = ☐

7   •••••
– 2   •••
———

5   •••••
– 3
———

6   •••
– 3   •••
———

2   ••
– 2
———

Draw dots and subtract.

7 – 5 = ☐

7 – 3 = ☐

4 – 1 = ☐

6
– 1
———

7
– 6
———

Match the mangoes with the baskets.

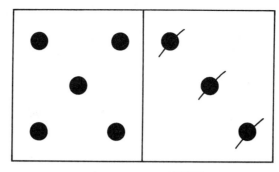

8 − 3 = ☐

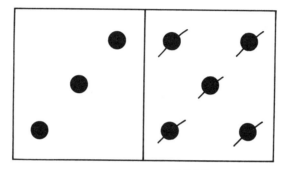

8 − 5 = ☐

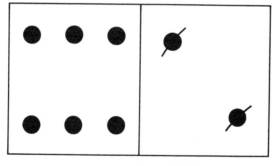

8 − 2 = ☐

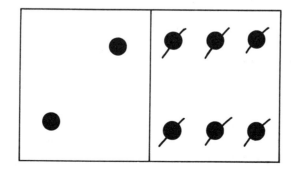

8 − 6 = ☐

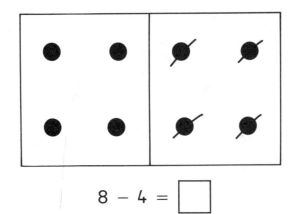

8 − 4 = ☐

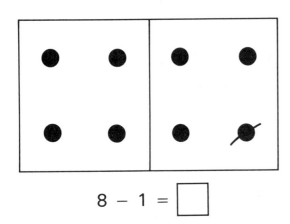

8 − 1 = ☐

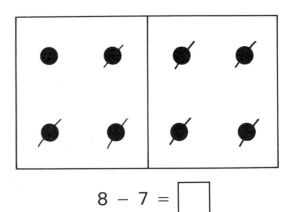

8 − 7 = ☐

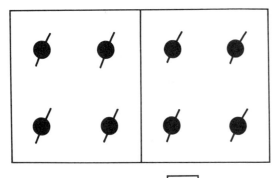

8 − 8 = ☐

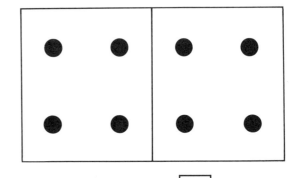

8 − 0 = ☐

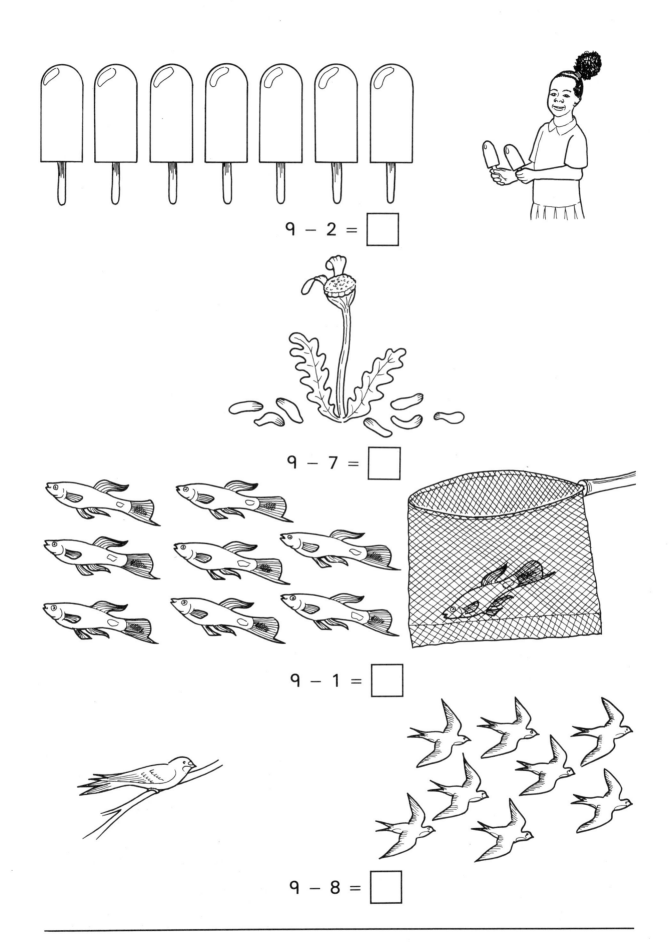

9 − 2 = ☐

9 − 7 = ☐

9 − 1 = ☐

9 − 8 = ☐

49

9 − 4 = ☐

9 − 5 = ☐

9 − 6 = ☐

9 − 3 = ☐

$9 - 9 = \boxed{}$

$9 - 0 = \boxed{}$

Count dots and subtract.

• • • •
• • • •
8   – 3 = ☐

• • • • •
• • • •
9   – 7 = ☐

• • • •
• • • •
8   – 6 = ☐

• • • •
• • • •
8   – 8 = ☐

• • • • •
• • • •
9   – 5 = ☐

• • • • •
• • • •
9   – 6 = ☐

• • • • •
• • • •
9   – 2 = ☐

• • • •
• • • •
8   – 4 = ☐

9 • • • • •
– 0
———
————

8 • • • •
– 5
———
————

Draw dots and subtract.

8 – 0 = ☐

9
– 3
———

8 – 1 = ☐

8 – 1 = ☐

8
– 7
———

9 – 8 = ☐

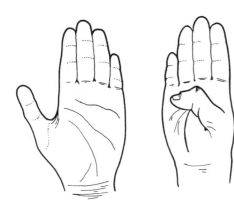

10 − 1 = ☐

10 − 9 = ☐

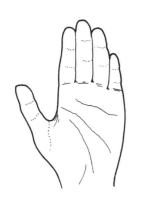

10 − 2 = ☐

10 − 8 = ☐

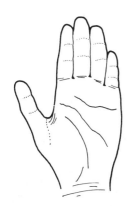

10 − 3 = ☐

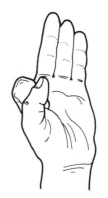

10 − 7 = ☐

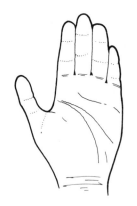 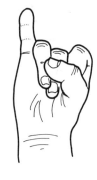

10 − 4 = ☐

 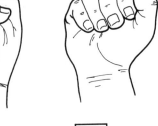

10 − 6 = ☐

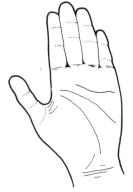

10 − 5 = ☐

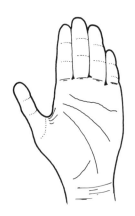 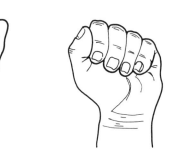 

10 − 0 = ☐   10 − 10 = ☐

Count dots and subtract.

•••••
•••••
10 – 3 = ☐

•••••
•••••
10 – 6 = ☐

•••••
•••••
10 – 5 = ☐

•••••
•••••
10 – 1 = ☐

•••••
•••••
10 – 8 = ☐

Draw dots and subtract.

10 – 2 = ☐   10 – 10 = ☐

10 – 4 = ☐   10 – 0 = ☐

10 – 7 = ☐   10 – 9 = ☐

Revision of subtraction

Draw dots and subtract.

6 − 1 = ☐   8 − 2 = ☐

3 − 2 = ☐   5 − 5 = ☐

5 − 3 = ☐   7 − 3 = ☐

7 − 5 = ☐   9 − 2 = ☐

2 − 0 = ☐   8 − 7 = ☐

4 − 2 = ☐   10 − 9 = ☐

8	10	2	10
− 6	− 1	− 1	− 3

10	9	4	10
− 5	− 3	− 4	− 6

Relationship between addition and subtraction

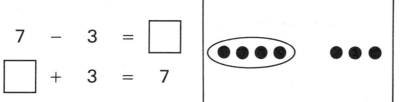

7 − 3 = ☐

☐ + 3 = 7

7 − 4 = ☐

☐ + 4 = 7

4 − 1 = ☐

☐ + 1 = 4

4 − 3 = ☐

☐ + 3 = 4

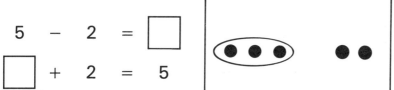

5 − 2 = ☐

☐ + 2 = 5

5 − 3 = ☐

☐ + 3 = 5

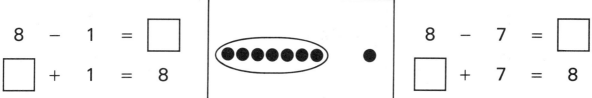

8 − 1 = ☐

☐ + 1 = 8

8 − 7 = ☐

☐ + 7 = 8

2 − 0 = ☐

☐ + 0 = 2

2 − 2 = ☐

☐ + 2 = 2

10 − 6 = ☐

☐ + 6 = 10

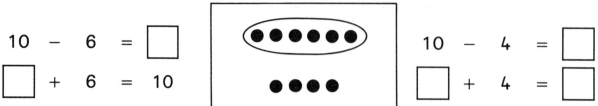

10 − 4 = ☐

☐ + 4 = ☐

6 − 4 = ☐

☐ + 4 = 6

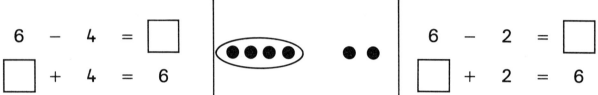

6 − 2 = ☐

☐ + 2 = 6

9 − 2 = ☐

☐ + 2 = 9

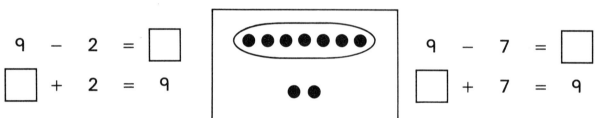

9 − 7 = ☐

☐ + 7 = 9

3 − 0 = ☐

☐ + 0 = 3

3 − 3 = ☐

☐ + 3 = 3

8 − 3 = ☐

☐ + 3 = 8

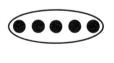

8 − 5 = ☐

☐ + 5 = 8

10 − 8 = □   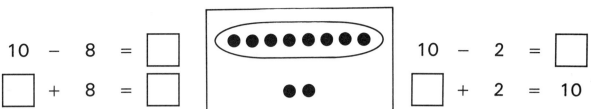   10 − 2 = □
□ + 8 = □   □ + 2 = 10

9 − 4 = □      9 − 5 = □
□ + 4 = 9   □ + 5 = 9

7 − 2 = □      7 − 5 = □
□ + 2 = 7   □ + 5 = 7

4 − 0 = □   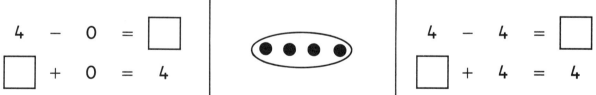   4 − 4 = □
□ + 0 = 4   □ + 4 = 4

5 − 4 = □   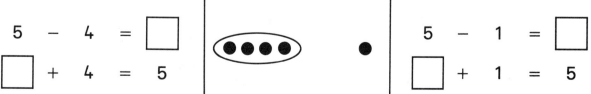   5 − 1 = □
□ + 4 = 5   □ + 1 = 5

Revision Exercise

Write these numbers.

four   =   five   =

seven =   nine   =

one   =   zero   =

six   =   three =

ten   =   eight =

two   =

Count.

3   4   5   6   ☐

5   6   7   8   ☐

☐   2   3   4   5

4   5   ☐   7   8

6   7   8   9   ☐

Circle the bigger number.

| 5   1 | 2   4 | 3   5 |

| 2   6 | 3   2 | 7   5 |

| 7   3 | 7   9 | 8   9 |

| 9   4 | 10   8 | 6   8 |

Circle the smaller number.

| 4   3 | 7   6 | 7   8 |

| 2   7 | 3   6 | 4   2 |

| 5   8 | 5   2 | 4   6 |

| 8   3 | 9   10 | 5   4 |

Which is more, A or B? Circle the answer.

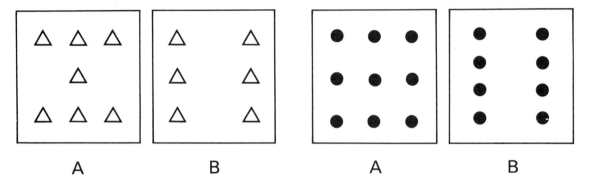

Which is less, A or B? Circle the answer.

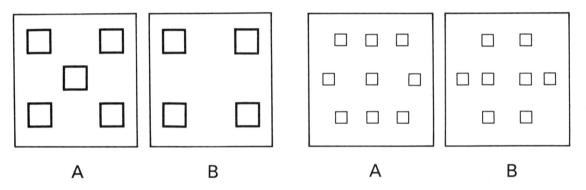

Colour and continue the pattern.

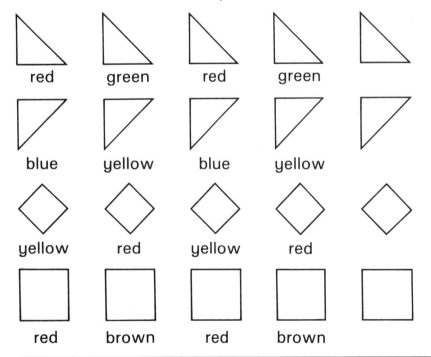

Draw a shape to continue the pattern.

     |

   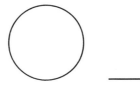 |

   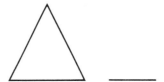 |

Complete these sums.

3 + 1 =   10 − 4 =

0 + 5 =   8 + 2 =

7 − 2 =   3 + 5 =

4 + 4 =   9 − 2 =

3 − 3 =   6 − 0 =

6 + 3 =   10 − 3 =

$$\begin{array}{r} 6 \\ -\ 4 \\ \hline \end{array}$$ $$\begin{array}{r} 5 \\ +\ 5 \\ \hline \end{array}$$ $$\begin{array}{r} 7 \\ +\ 2 \\ \hline \end{array}$$ $$\begin{array}{r} 3 \\ +\ 4 \\ \hline \end{array}$$

$\boxed{} + 2 = 5$ $\boxed{} + 3 = 10$

$7 - \boxed{} = 6$ $\boxed{} + 2 = 8$

$5 + \boxed{} = 9$ $3 + \boxed{} = 7$

$6 - \boxed{} = 0$ $5 + \boxed{} = 5$

$2 - \boxed{} = 2$ $9 - \boxed{} = 3$

$8 = 7 + \boxed{}$ $8 - 2 = \boxed{}$

$6 = 3 + \boxed{}$ $10 - 3 = \boxed{}$

$5 = 2 + \boxed{}$ $5 + \boxed{} = 9$

$10 = \boxed{} + 6$ $\boxed{} + 2 = 7$

$9 = \boxed{} + 7$ $8 - \boxed{} = 2$

$$\begin{array}{r} 6 \\ -\ 2 \\ \hline \end{array} \qquad \begin{array}{r} 5 \\ +\ 4 \\ \hline \end{array} \qquad \begin{array}{r} 1 \\ +\ 9 \\ \hline \end{array} \qquad \begin{array}{r} 10 \\ -\ 3 \\ \hline \end{array}$$